目　次

JN061871

はじめに（講演概要）

講演	「資料を未来につなぐ〜東日本大震災で考えたこと〜」
講師	眞野節雄
日時	2023年3月11日（土）15:00〜16:00
開催方式	オンラインにて開催
主催	DB ジャパン

○講師紹介

眞野節雄

1976 年より東京都立図書館に司書として勤務開始し、2000 年度からは資料の保存と修理の業務に従事。2011 年度からは資料保全専門員として勤務。

今までに、日本図書館協会資料保存委員会委員、「文化遺産防災ネットワーク有識者会議」（国立文化財機構）委員、日本図書館協会図書館災害対策委員会委員を歴任。

現在は、日本図書館協会資料保存委員会委員長、東京都立中央図書館（資料保全専門員）を務めている。全国各地での資料保存、修理、製本に関する研修会講師としても精力的に活動している。

◯本講演の開催経緯

『眞野先生。本が傷んだら修理するだけじゃダメってホント？
〜ストーリーでわかる図書館の資料保全の考え方〜』

「司書トレ」をきっかけに「教えて！先生」シリーズを刊行

　図書館で働く方々に向けて、必要なスキル・知識の学び方を学べる、オンライン動画"パス・ファインダー"「司書トレ」というサービスの制作・販売を2020年末に開始。眞野先生との出会いも『資料管理保全』の講師をお願いしたことがきっかけです。その「司書トレ」の制作過程の中で、「図書館資料の修理の考え方」についてわかりやすくまとめて紹介する、書籍の企画が実現しました。

　図書館で働く皆様に向けて、図書館業務に役立つ"考え方"が、各テーマのエキスパートから、物語を通して学べる新しいタイプの参考書「教えて！先生」シリーズの第1弾となる『眞野先生。本が傷んだら修理するだけじゃダメってホント？〜ストーリーでわかる図書館の資料保全の考え方〜』を、眞野節雄先生監修のもとに、2022年9月30日に刊行。

　販売開始後、1カ月で増刷となり、公共図書館や学校図書館を始め、多

くの反響をいただきました。

東日本大震災での資料修理の経験、資料を未来に繋げるために

　都立中央図書館で資料保全専門員として長きにわたり資料の保存と修理に携わり、そのノウハウなどについて多くの研修会でもお伝えしてきた眞野先生。

　書籍刊行を通じて、多くの皆様の資料保全への関心の高さを実感した中で、東日本大震災で被災した図書館や、資料の修理を支援したご経験から、日々資料保全に従事される中で、日々大切にされている基本的な"考え方"を、より多くに皆様に知っていただきたいと考え、本講演を企画しました。

　図書館資料を未来に繋げるための大切な考え方が詰まった講演録となっています。

「資料を未来につなぐ
～東日本大震災で考えたこと～」

皆さん、こんにちは、眞野です。今日お話しするテーマは、「資料を未来につなぐ　東日本大震災で考えたこと」です。これまで携わった研修会でもたびたび話してきたことですが、せっかくの機会ですので、普段あまり話せないエピソード等も含めて詳しくお伝えできればと思います。

　テーマに「東日本大震災で考えたこと」という副題が付いています。今日（2023年3月11日）は東日本大震災が発生してからちょうど12年ですね。当時、この震災によって岩手県の陸前高田市立図書館が津波に飲み込まれました。

　それから約1カ月後に、文化庁の文化財レスキューが入りました。それは、隣接している博物館に向かうためでもあったと思うのですが、一番の目的は陸前高田市立図書館にある岩手県指定の文化財「吉田家文書」をレスキューすることにあったのではないかと考えています。実際にそれらは救出され周辺に散らばっていた古文書類もレスキューして帰っていったのですが、そのときに私はすごくモヤモヤしたんですね。

　というのは「文化財」を文化庁が救うのは当たり前ですが、「文化財」でないもの、つまり図書館の資料は救わなくてもいいのか、という疑問が芽生えたのです。もちろん文化庁のせいではないですよ。文化庁は文化財を救う役割がありますからね。でも、そんなモヤモヤした感情がずっとあったんですよね。

　その後、全国で多数の災害が発生しました。特に怖いのが水害です。台風がやってきたり、西日本で集中豪雨が発生したりして、図書館も多くの被害を受けました。例えば西日本豪雨のときは、岡山県倉敷市真備町の図書館が水没・浸水し、資料が全部被災してしまったのです。ここまでの大きな被害ではなくとも、さまざまな災害に全国の図書館が巻き込まれることは珍しくありません。そして、そのときに世間は「図書館の本、資料がその後どうなったか」に関心を持ちます。

　例えばマスコミが取材に来たとき、まず蔵書の被害状況に関する質問が飛び交います。そのときの図書館の方たちの返答を、私はたびたび見

聞きしていますが、「地域の文化が失われて本当に悲しい」「全部失ってしまった」「もう手に入らないような郷土資料もいっぱいあったのに、全部捨てることになってしまって本当に悔しくて悲しい」といったように答えるんですね。それはそうだと思います、本当に悲しいのだと思います。

　ただ、私は資料を救う行動をなぜ取れなかったのか、ということも考えてしまう。ある東北の図書館で、地下にあった貴重なコレクションが台風で水没したことがありました。そのコレクションは約3000冊あったのですが、そのときに、「こんな状況になって、もうどうしようもない。助けてください」と声を上げたのは、実は図書館員ではなく隣接する博物館の学芸員だったのです。おかげですぐ情報が伝わり、結局、今で言う文化財防災センター、国立文化財機構の防災センターが動きました。約3000冊のコレクションはその後、奈良文化財研究所の冷凍庫に移り、数年の時を経て無事によみがえることができたんです。このように助かった例もあるんです。

　しかし私からすれば、図書館員はあまりそういった声を上げない。確かに大変でしょう、災害に遭った当座は。もう大混乱でしょうし、人命が第一ですからね。人の命、生命の安全を最優先にすべきです。図書館資料は、博物館資料と違って価値が千差万別ですから、捨てていい資料もたくさんあるでしょう。ただ、その中で、どうしてもその図書館にとって必要な資料もありますよね。大学図書館や専門図書館には特殊なコレクション、そこにしかない、そこがずっと持っておくべきコレクションも多数ある。公立図書館も然りです。

　「いや、うちの図書館にそんなコレクションはないです」と思う方もいるでしょうけど、そんなことはない。どんな小さな町や村にだってそこにしかない、そこで発行されていた、その図書館、地域にとって、大切な、貴重な資料があるはずです。そういうものを簡単に諦めていいのか？どうして一冊でも救おうと思わないのか。自分たちでどうにもできなかったら、なぜ助けを呼ばないのか。

さっき人間の命、生命ということを言いましたが、そんな生物学的な生命ではなく、図書館にとっての命となるような資料があったのではないのか？だとしたら、それをなぜ救わないのか……。実はこういうことを私が言うと、すごく叱られるんです。「そんなことを言うな。そういう場面に出会ったら大変なんだよ」と。そうだろうと思います、それは分かります。ただ、私は東日本大震災の陸前高田の被災資料に関わった経験から、あえて、「どうして一冊でも救わないのか？」「命とも呼べる資料が、あなたが関わる図書館にもあるのではないだろうか」ということを、これからお話ししようと思います。

東日本大震災の概要

- 発生日時：2011年3月11日14時46分頃
- 震源及び規模：三陸沖（宮城県牡鹿半島の東南東130km付近）、深さ約24km
- 最大震度：7　　・マグニチュード：9.0
  （日本の観測史上最大、1900年以降に発生した地震の規模では世界で第4位）
- 死者：1万5900人、行方不明者：2523人
  この地震により、岩手県、宮城県、福島県では8mを超える津波が観測され、
  福島第一原子力発電所における事故等を含めた甚大な被害を受けた。
  震度5強が観測された首都圏では、交通機関が不通となり、
  大量の帰宅困難者が発生する事態となった。

  - 参照元：
    - 内閣府　防災情報のページ, https://www.bousai.go.jp/kohou/kouhoubousai/h23/63/special_01.html
    - 「死者数1万5900人　東日本大震災11年、警察庁まとめ」,日本経済新聞,2022年3月9日,
      https://www.nikkei.com/article/DGXZQOUE099ZW0Z00C22A3000000/

<スライド 1 >

　経緯についてざっとスライドを見ていただいて、関連する写真もそこで見ていただきたいと思います。これ（スライド1）は東日本大震災の概要です。改めて説明するまでもないですが、大体1万8000人ぐらいの方が死者、行方不明者になったとされています。

陸前高田市及び市立図書館の概要

●陸前高田市
岩手県の東南端、三陸海岸の南の玄関口として、大船渡市、住田町、
一関市、宮城県気仙沼市に接し、宮城県との県際に位置している。
市の総面積は231.94平方キロメートルで、その約7割を森林が占めている。

●陸前高田市立図書館
1964年に設置された陸前高田市高田町の公共図書館。
2011年3月11日の東日本大震災により壊滅的な被害を受けたが、
2017年7月に中心市街地に新図書館を開館。

・参照元：
・陸前高田市ウェブサイト　陸前高田市のプロフィール
https://www.city.rikuzentakata.iwate.jp/soshiki/shiminka/torokugakari/8/1/2214.html
・CHARITY BY BOOKS,https://www.charibon.jp/partner/rikuzentakata/

＜スライド 2 ＞

　次に、これ（スライド2）は陸前高田市および市立図書館の概要と地図
です。陸前高田市は岩手県の南部に位置していますね。北が大船渡市で、
陸前高田市の南側は宮城県の気仙沼市に隣接しています。この辺はご存
じのようにリアス式海岸ですから、湾の奥まった所にちょっと平地があ
り、あとは山が迫っている地形。陸前高田もその狭い平地を中心とした
町がありましたが、それが津波に全部飲み込まれてしまいました。ちな
みに、陸前高田では約1700人の方が亡くなっていますね。人口が当時2
万人ちょっとだったはずなので、大ざっぱに人口の1割ぐらいの方が亡
くなった大災害でした。

陸前高田市立図書館　郷土資料を救出

2011.3.11　　陸前高田市立図書館
は津波により全ての資料が被災。職員全員
が犠牲者となった。

＜1年後＞
2012.3　　　日本図書館協会、岩手県立図
書館、岩手県内大学関係者等が、車庫跡に
山積みされている被災資料のなかから、貴
重だと推定される郷土資料約500点を発掘。

提供：【公社】日本図書館協会

＜スライド3＞

　次のスライド（スライド3）は被災した陸前高田の図書館です。図書館
も、海に割と近い平地に建っていました。実は、上の写真の正面に写っ
ているのは、隣り合って建っていた博物館なんですね。それで、下の写
真がその右側に建っていた図書館。ここも全部津波に飲み込まれ、この
ような状態になってしまい……職員7人全員が犠牲になりました。そし
て8万冊の蔵書全てが被災して、大部分が流されてしまいました。

　冒頭で話したように、文化財レスキューは震災の約1カ月後に文化財
関係を救出していったのですが、その後は人が入れませんでした。約1年
後、日本図書館協会が主催した被災地ツアーでここを通りかかったとき
に、図書館の周りに被災した資料が積み上げられているのを発見したん
です。その際「この中に、陸前高田市立図書館にしかない、郷土資料など
の貴重な資料があるかもしれない」という声が上がりました。さらに約1
カ月後、この山積みにされている被災資料の中から貴重だと推定される
郷土資料、約500点を発掘することになります。

提供：【公社】日本図書館協会

＜スライド4＞

提供：【公社】日本図書館協会

＜スライド5＞

　これ（スライド4）が当時、図書館の周りに積み上げられていた被災資料ですね。これ（スライド5）はさらにその外側に積み上げられていた、どろどろになった資料を分別して発掘作業を行っているときの写真です。最初に言いましたが、世間の人は本をすごく大切にするんですね。これ

も自衛隊とか消防団の方とかが、ゴミや瓦礫として処分せず、個人の写真やアルバムと同様に、丁寧に積み上げておいてくれたものなんですね。

2012.6　　　救出された資料のうち寄贈・購入など再入手が困難な資料259点について、搬送先の岩手県立博物館において、乾燥、汚泥除去のドライクリーニングとカビ防止の消毒などの応急措置を実施。

2012.8〜　　259点の内、他の県内図書館に所蔵のない62点についてデジタル撮影を実施。

提供：【公社】日本図書館協会

＜スライド6＞

　次の写真（スライド6）は、救出した約500点を、盛岡市の岩手県立博物館にある冷凍庫に保存させていただいていたのですが、それの応急処置の様子です。博物館の中庭のような所で、東京から行ったボランティアを中心に応急処置をしています。実は、私はこのときから参加したんです。文化財レスキューのボランティアで何度か盛岡市には足を運んでいましたが、この件に関わり始めたのはこのときだったんですね。

　参加して分かったのは、被災してから1年以上経っていても、まだ中はしっとり濡れていることです。そこで私たちは、資料を乾燥させて泥を落とし、アルコール消毒するという応急処置を行いました。その後岩手県立図書館が、それらの中で、岩手県立図書館をはじめ県内の他の図書館にないものをリサーチしました。おそらく他のどこにもなくて再入手もできないと思われるものは盛岡大学を中心とした大学のチームでデジタル撮影を行い、紙焼き本も作りました。

　最終的に残った、もうここにしかないと思われる51点について、私は

当初「デジタル撮影をして紙焼き本まで作ったのだから、現物はこのままの状態で取っておけば、資料保存的には問題ないだろう」と思っていました。しかし岩手県立図書館と陸前高田市立図書館が調整した結果、この51点については現物をしっかりと伝えていくために修理してほしいとの要望が出たのです。そこで私の職場である都立中央図書館が、それまでの縁もあったため、協力することになりました。それが震災から2年半後のことです。

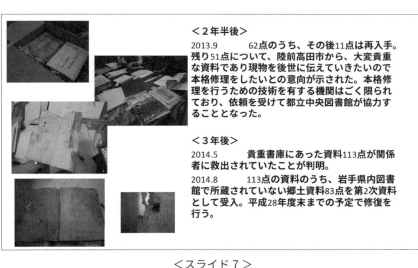

＜2年半後＞
2013.9　　62点のうち、その後11点は再入手。残り51点について、陸前高田市から、大変貴重な資料であり現物を後世に伝えていきたいので本格修理をしたいとの意向が示された。本格修理を行うための技術を有する機関はごく限られており、依頼を受けて都立中央図書館が協力することとなった。

＜3年後＞
2014.5　　貴重書庫にあった資料113点が関係者に救出されていたことが判明。
2014.8　　113点の資料のうち、岩手県内図書館で所蔵されていない郷土資料83点を第2次資料として受入。平成28年度末までの予定で修復を行う。

＜スライド7＞

　この写真（スライド7）は、その資料51点です。保管先の岩手県立図書館が都立中央図書館に送ってきたものです。箱詰めになっていたものを仕分けしているんですが、本を開いてみると、このような感じになってますね。幸い海水だったので、思ったほどカビの被害はなかったのですが、やはりそれでもカビでぼろぼろになってしまった資料がいっぱいありました。

　その後、スライドにある通り3年後、最初にお話しした文化財レスキューが救出していった「吉田家文書」があったという、図書館の貴重書庫内の資料についても新たな発見がありました。当時津波の被害は受けたも

のの、貴重書庫の扉が半開きになっていたため、滅茶苦茶にかき回され
ていましたが、多くの資料は流出せず残っていました。だからこそ、約
1カ月後にその中から「吉田家文書」や付近にあった古文書類はレスキュ
ーしましたが、そのまま放置された他の資料113点を、それに立ち会っ
ていた陸前高田古文書研究会の会長さんが、見るに見かねて、そのまま
にしておくには忍びなくて、自宅に持ち帰り段ボール箱に保管していた
というのです。3年後にそれを図書館に持ってこられて、「自分がこうい
う経緯で預かっていました。どうにかなりませんか?」と。それで、そ
の中から県内の図書館にはない83点を二次資料とし、私の職場(東京都
立中央図書館)で修復することになったのです。

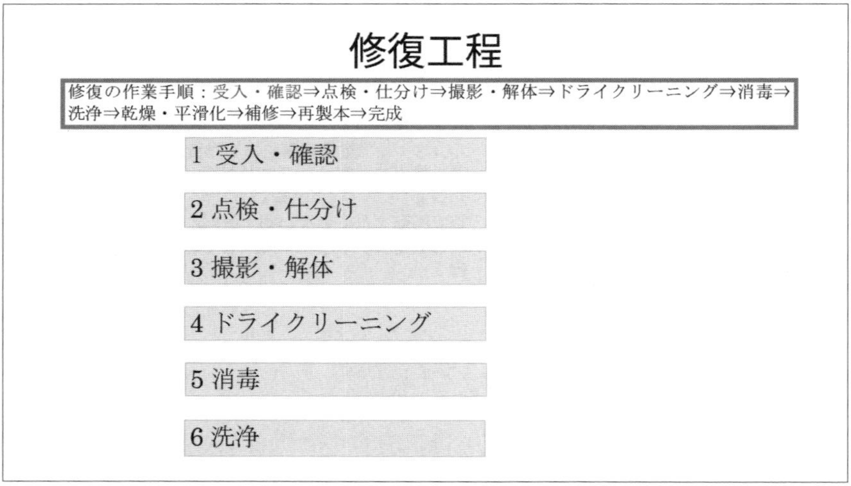

修復工程

修復の作業手順:受入・確認⇒点検・仕分け⇒撮影・解体⇒ドライクリーニング⇒消毒⇒
洗浄⇒乾燥・平滑化⇒補修⇒再製本⇒完成

1 受入・確認
2 点検・仕分け
3 撮影・解体
4 ドライクリーニング
5 消毒
6 洗浄

<スライド8>

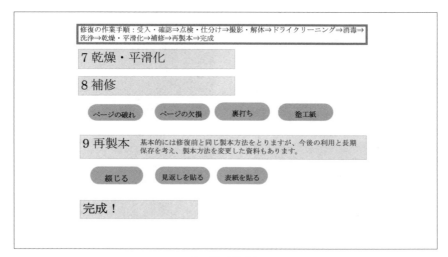

<スライド9>

　その修復（スライド8,9）について、詳しくは動画（※P.42参照）を見て（※P.42参照）いただくとして、ざっとその工程を見ていただきましょう。この当時はみんな試行錯誤です。モデルがありませんでしたから。洗浄、これが一番大変ですね。1枚1枚に解体して、1枚1枚、紙をきれいに洗わなければならない。どの程度、どのような感じで洗うのか……すべて試行錯誤でした。洗って、乾燥する際は平滑化、つまりフラットニングをします。そのまま乾かすと紙がぐちゃぐちゃに波打ってしまいますから。そして補修すべきところは補修します。ページの破れやページの欠損、それから全体が脆弱になってるものは裏打ちをしなければならない。あるいは、極薄の和紙を上から貼る表打ちをします。塗工紙の場合は、ページ同士がくっついて剥がれないものを何とか少しでも剥がして読めるようにする。そういった補修をして、再製本を行い、もう一度本の形にするのです。

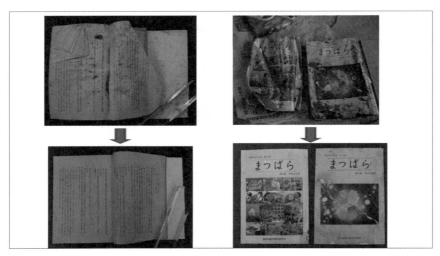

<スライド 10 >

　これ（スライド10）が修復したものの内の2、3点です。右の『まつばら』というのは、有名な高田松原にちなんで名前を付けたのでしょう、子どもの文集、作文集です。たまたま発掘された当時の写真もあったのですが、見ての通りどろどろです。もうゴミとしか思えないようなものが、ちゃんと読めるようになった、よみがえったという感じですね。地域独自の文集、作文集とはいえ平成に出ているものだから、「どこか他の所にいっぱい残っているんじゃないの？」と思われる方もいるかもしれません。でも、今回のように地域全体が壊滅した場合にはなかなかないんです。こういったものを県立図書館までもが所蔵していることはないでしょうから、本当にここにしかない。たとえ持っている児童の家庭があったとしても、それを図書館に譲ってくれるわけないですよね。こんな状況になったらその家の宝みたいなものですからね。このような新しめのものでも、もう手に入らないと思われる資料がたくさんありました。

<4年後>
2015.3　　**第1次資料の修復完了、返還。**

<6年後>
2017.3　　**第2次資料の修復完了、返還。**

<スライド 11 >

　震災から4年後、ようやく第一次資料の修復が完了し、陸前高田に届けに行きました。これ（スライド11）はそのときの陸前高田の写真です。「奇跡の一本松」があります。津波の被害を受けたところは平地が広がっています。右下の写真は、そこのかさ上げ工事をするために山から土を運ぶパイプラインです。こういったものが平地に張り巡らされて、かさ上げ工事をしていましたね。左上の写真は仮設の陸前高田市立図書館です。かなり高台の奥のほうにある、ログハウスのかわいらしい図書館ですね。4年後はまだこんな感じでした。

　それから2年後、先ほど話した古文書研究会の会長さんが預かってくれていた第二次資料の修復が完了したため、返還しました。震災から6年後のことです。

大津波からよみがえった 郷土の宝

陸前高田市立図書館 郷土資料の修復

「大津波からよみがえった郷土の宝—陸前高田市立図書館郷土資料の修復」(15分)
(日本語版)
https://www.youtube.com/watch?v=ZPRxDGGcXu8
(英語版)
https://www.youtube.com/watch?v=OrCCBH9nnFE

眞野節雄編『水濡れから図書館資料を救おう』
日本図書館協会　2019

＜スライド 12 ＞

　　これ（スライド12）は第一次資料を陸前高田に返す前に、都立中央図書館で「大津波からよみがえった郷土の宝」という展示をしたときの写真です。狭いスペースでの「ミニ展示」ですが、修復が終わった本などが、エントランスの見やすい場所に置かれていますね。とにかく、この展示の反響は非常に大きかった。この件に関するちょっとしたエピソードも紹介します。

　　たまたま陸前高田の資料を修復している時期に、図書館ツアーという、図書館の見学会のようなものを実施しました。参加者の方がその資料の中から、陸前高田の高田高等学校の図書室が年に1回発行する、生徒たちの作文を集めた会報を見つけ、「私、高田高校の卒業生なんですよ」とすごく感激されていたのを思い出しますね。

　　また、展示スペースの写真の下に、花が飾ってある写真があります。これはこの展示のことを聞かれた陸前高田市出身の方が送ってくださった献花ですね。

　　それから、この件で多くの取材を受けました。展示のタイトルにある「郷土の宝」の文字を見て、当時の取材で「『宝』とありますが、どんな文

化財があるんですか？」と聞かれたんですよね。私は「国宝や重要文化財などの『文化財』のことではないです」と。先ほど見せたような子どもの文集をはじめとする資料は、いわゆる「文化財」ではない。しかし、郷土や地域のことを知る上で、私たちにとっては宝なのでこのようなタイトルを付けました、という具合に説明しました。

　今回救った資料は、立派な歴史書や古文書ではありません。老人クラブの作文集だったり子どもの作文集だったり、あるいは、地域の歴史家、郷土研究家が津波記念碑を調査して、まとめてコピーを取ったのをホチキスで留めたような、そういった類の資料です。だから、「文化財」には決してならないようなものが大半。でも、どれも陸前高田で生きてきた人たちの記憶と歴史を知る上で、貴重な資料です。

　また、この展示に関係するエピソードは、後でさらにひとつお話ししたいと思います。

　私は、ご覧いただいたような流れで資料が再生、修復してよみがえる過程を目の当たりにしてきました。

　そして、どろどろのゴミにしか見えなかったものがだんだんよみがえって、よみがえった資料を見て私は初めて、「これは犠牲になった図書館員の形見なんだ」と実感しました。どろどろのときにはそう思えなかったんですね。でも、よみがえってくると初めてそう実感できた。そして、その資料を作った人たちの思いまでよみがえってくるようで、「"物が語りかけてくる"というのは、こういうことなんだ」とも感じましたね。一冊一冊の「物語」が見えてくるようで、本当に愛おしくなってくるんです。形見を一つひとつ手に取りながら、そんな感情に包まれました。

<スライド 13 >

　これ（スライド13）は2017年に陸前高田市立図書館が新たにオープンしたときの写真です。全て2017年に撮影したものですが、右側にある写真の通り、まだほとんど何もありません。かさ上げ工事は終わってパイプラインも取り除かれていましたが、何も変わっていない印象でした。

　新館は、ちょうど津波がぎりぎりまで到達した山のふもとの、かさ上げされた平地に建てられました。震災後、旧市街地で初めて建設された大型商業施設の一角にあるんです。一番左の写真に写っているのは、正面入口ではなく、隣接している商業施設の書店側に近い入口です。そこから入った右側は郷土資料コーナーになっていて、修復された資料が、修復前の写真と一緒に飾ってありました。展示コーナーを作ってくれたんですね。

　ここ（スライド13）に書いてある「レジリエンス」という言葉で思い出すことがあります。資料を修復して返す前に、図書館ツアーで見学に来た方が、アンケートに「今日はとっても感動しました」と書いてくださって。そのあとに「生きる勇気が湧いてきました」とも書いてあったんです。私は「この人の過去に、一体何があったのだろう」と思っていたんですが

（笑）。そんなことがあって、展示コーナーを見て感じたのが、資料そのものに価値があるということはありますが、この資料自体が震災を語り継ぐ材料となったことで、見た人にささやかながらも復興への勇気や力を届けることができるのではないかと。ちょっと大げさかもしれませんが、そう思いました。

先ほど、都立中央図書館での展示に関するエピソードを後でもう一つ紹介すると言いました。それは陸前高田にある高田活版という印刷所の話です。震災の後、こういった本を精力的に出しています。これは、当時の社長の佐々木松男さんの企画で作られた『高田松原ものがたり』です。陸前高田の高田松原、消えた高田松原についての本も積極的に出していらっしゃる印刷所なんですが、地方なのでもはや出版社のような存在で、地域の郷土資料、地域資料の出版を一手に担っているんですね。

『高田松原ものがたり -消えた高田松原-』
佐々木松男　文、高田活版、2011
※現在は絶版です

都立中央図書館で「大津波からよみがえった郷土の宝」の展示をしていたとき、ちょうど私は不在だったのですが、どうしても伝えたいといってメモを残していかれた方がいました。

そのメモを一部紹介します。

「震災で亡くなった母が元司書で、高田図書館で働いておりました。また、父は印刷会社、高田活版の者で、父が印刷した本もあり感激いたしました」と。私たちは今回の活動で、『陸前高田市歴史探訪』という本の

修復にも関わりました。塗工紙だったので苦労しながら作業したのですが、少しぼろぼろになってしまって、全部は復活できなかったんですが、メモには「『陸前高田市歴史探訪』は父が関わった本です。復旧に関わった方々に心より感謝申し上げます」と続いていたんです。この方は高田活版の息子さんなんですね、たまたま病気の治療で東京にいらしていて、この展示を見に来られたんです。

　返還式のために陸前高田に行ったときに、この話を当時の陸前高田市立図書館の館長さんにお話ししたら、「高田活版といったら、松男さんのところか」と。陸前高田では佐々木姓が多いので、名前で呼び合っているんですね。それで、「松男さんのところだったら連れていってあげてもいいよ」とおっしゃってくれたので、私は、「じゃあお願いします」と高田活版に向かいました。

　高田活版ももちろん、元の会社は壊滅状態です。訪問したときは高台に移り、営業を再開されていました。訪ねていくと社長さんがいらっしゃって、私はメモを残してくださった息子さんの話をしたんですね。それから、その『陸前高田市歴史探訪』のことも。すると「この本ですか」と奥のほうから同じ本を、持ってこられたんです。「えー」と驚いて、本当は「すみません、それください」と言いかけたんですが、もちろん言えなかったです。高田活版も全滅し、在庫も全部流されているんです。たまたま、その本は高台のほうに1冊保管されていて生き延びた。高田活版にとっても宝物のような本ですよね。それを簡単に「ください」とは言えなかったです。高田活版の佐々木松男さんは、一番自分が悔しかったのは、陸前高田のお年寄り、古老たちの聞き書きをまとめ、何冊かシリーズで出していた本が全部流されてしまったことだと。それが自分は一番残念だとおっしゃっていましたね。

　これまで見ていただいた経緯と写真にあるような修復作業を、私は縁があって、東京都立中央図書館で実施させていただきました。そして、この活動に対し「感謝しています」「すごいですね」と褒められることもたく

さんあります。ありがたく、その気持ちは頂戴しますが、それは、本当はどうでもいいことです。この経緯を見ていただいただけでは分かりにくいかもしれませんが、私は、都立中央図書館に届くまでの過程が一番大切だと思っています。都立中央図書館に届いて修復し、完成する部分は、全体から見れば最後の段階でしかありません。そこに至るまでが何より大切。ここに届かなければ修復も再生もできないわけですから。さっき言ったように、「悲しいけど捨てるしかないね」となるのではなくて、修復、復活をするための経緯ですね。私はそこに至る軌跡が何より素晴らしかったのではないかと思っています。

　津波から1年間放置されて、ぐちゃぐちゃになった写真を思い出してください。もしくは想像してみてください。誰の目から見てもどうにもできないゴミや瓦礫だったものを、「早くこれを処分してこの辺をきれいにしよう」と思われてもおかしくない資料の山を見て「この中に、ここにしかない貴重な資料があるかもしれない。何とかできないだろうか」と言った図書館員がいたんです。

　私は博物館の応急処置のときから参加したと話しましたが、あのときは３日間、東京からのボランティアが20人ぐらいで作業をしていたんです。その際に仕切ってくれた岩手県立図書館の澤口さんという方が、最後に締めの挨拶をされるときに「皆さん遠い所から3日間来ていただいて、どうもありがとうございました」と言おうとしたら、途中から泣きだしてしまいました。涙でもう言葉が出なかったんです。そのことを後で他の人に話したら、当時のボランティア参加者から「発掘作業の最中も澤口さんはずっと泣いていた」との話を教えてもらいました。そういう図書館員がいたんです。

　それからしばらく経ち、陸前高田に仮設の図書館ができた頃、ようやく子どもたちへのサービスが始まり、ブックモビルも動きだしたようなタイミングだったと思いますが、マスコミが当時の図書館について、別刷りの特集で取り上げたことがあるんです。そこには、震災後の図書館でたった1人の司書職員、長谷川さんという方へのインタビューが載っ

ていました。「これからの陸前高田の図書館をどのようにしていきたいですか」という質問に対して、長谷川さんは、「陸前高田の郷土資料をもう一度集めます。陸前高田の歴史を残し、そして伝えていきたいです。そういう図書館にしたいです」ときっぱりおっしゃったんですね。

　震災でいろいろなものが根こそぎ無くなったように思われますが、私はその側面がありつつも、代わりに見えてきたものもあったと考えています。それは、図書館の本来の使命や、その地域の記憶を残していくための図書館員の思いです。「魂」や「志」とも言えるかもしれません。地域の人々の歴史、記憶や思いを語り継いでいく役割が、公立図書館にはあったんだということに、あらためて気付かされたような気がします。

　そして、返還式のときに持っていった資料の中には、貸出票などが付いているものもありました。それは修復の過程で一旦剥がしたものの、捨てずに別の袋に入れて、資料と一緒にお返ししたんです。そこで司書の長谷川さんは、先輩司書の、それは高田活版の佐々木さんだったかもしれませんが、見覚えのある筆跡を見つけて、「先輩の字だ」と。続けて「郷土の歴史だけじゃなく、亡くなった人たちの気持ちも形見として引き継いでいくのが、私たちの使命だ」とおっしゃったんですね。

　そうか、資料が形見じゃない。いや、資料はもちろん形見だけど、資料だけが形見じゃなかったんだ。コツコツと資料を集めて、残し、伝えようとしてきたさまざまな営み全てが、図書館や図書館員の形見でもあったんだと、そのとき気付かされました。

　資料が災害に遭うときの原因は、今回のような津波や水害、地震などの自然災害とは限りません。一番大きいのは戦争ですね。今もウクライナなどで続いていますが、これまでも戦争という人災によって実に多くの資料が失われてきました。むしろ戦争が最大の災害かもしれません。

　そこで思い出すのは、私の勤務する都立図書館（当時は日比谷図書館）が、戦争の空襲から守るために本を疎開したという歴史。これは『疎開した40万冊の図書』というドキュメンタリー映画にもなりました。そして疎開したのは、所蔵している資料だけではありません。民間で活躍する

博士や学者さんの持つ貴重な資料も、このままでは空襲で焼失する危険があるため、特別買上文庫、戦時特別買上文庫と言われたかたちで、予算を付けて買い上げて疎開したんですね。それらは昭和20年に500万円といわれる予算を付けて買い上げて疎開した。昨日（2023年3月10日）はちょうど東京大空襲の日でしたが、あの時代に膨大な予算を講じて本を集めて疎開したなんて、昔の人は偉いなとつくづく思います。あの昭和20年の東京でそんな余裕があるわけないはずですが、それをコツコツ進めたんですね。

　残念なことに、買い上げた資料の約半分を運び出したところで残りは空襲にやられて駄目になったというものもあります。当時ですから、自動車やトラックなんてほとんど調達できません。調達できたとしても、木炭トラックだったかもしれません。それから荷車、リヤカー、あとはリュックに担いで何十万冊も運んだ。これらは当時の日比谷図書館長だった中田邦造さんっていう有名な人が、彼の信念で遂行したんですね。そのおかげで生き残った貴重な資料が今、都立図書館にあるわけですよ。私は、そういった古い資料を修理することが多々あります。その中で「戦時特別買上文庫」というラベルが貼ってあると、どきっとするんです。この本はそうやって生き延びてきた本なんだと。その本を、修理のために開くときに、本当に、文字通り、身の引き締まる思いがします。この本が存在するのは、多くの人の「この本を残そう」という強い意志があったからなんだと、実感するのです。

最後に…
図書館と図書館員の歴史でもある資料を伝えるために
あきらめない志

「人間の，悲しかったこと，楽しかったこと，それを伝える
のが，お前の仕事じゃろうが。」 （井上ひさし「父と暮せば」より）

15

<スライド 14 >

　資料は、そういった危機が迫ったときに、自然と残るわけではありません。そのときに「残そう」と思い、行動する人がいなければ残らない。引き継がれてきたものは、これからも引き継いでいかなければならない。人々の歴史、記憶を必ず伝えていく。そういった諦めない心、資料を未来につないでいくという志を私も常に持っていたいと思います。

　最後に蛇足かもしれませんが、一つ紹介させていただきます。それは『父と暮せば』という井上ひさしの戯曲です。映画化され、宮沢りえさんが主人公の娘役を演じたことでも知られていますね。戯曲の内容は、その娘が、原爆で亡くなった父の亡霊と暮らしているというもの。その中で、戦争、原爆の記録や資料を集めようとしている青年が、図書館で図書館員として働くこの娘と知り合いになります。しかし、その娘は自分が死なずに生き残ってしまったってことに、自分だけが生きていることに負い目があり、原爆の資料や記録に対して積極的になれないんです。そういう図書館員として働く娘に対して亡霊である父親がこう言います。「人間の悲しかったこと、楽しかったこと、それを伝えるのがおまえの仕

事じゃろうが」

　図書館の、図書館員の大きな「仕事」を表す言葉として、私はこれを胸に刻み込んでおきたいと思います。

　以上で私の話はおしまいにします。ご清聴ありがとうございました。

質疑応答

皆さん、こんにちは。先日は[※]セミナーにわざわざ参加していただき、ありがとうございました。またアンケート、あるいは質問についてもたくさん寄せていただいて本当にありがとうございました。本日は、その質問にお答えしますが、抽象的な質問が多いことと、私自身が悩んでいたり、分からなかったりするために答えられないところもあるかもしれません。どうかご容赦いただきたいと思います。

いただいた順番ではなく、答えやすいところからお答えします。

※質疑応答は講演会の後日に撮影しています。

質問1

> 図書の資料を所蔵しているアーカイブ機関に勤務しています。選別して廃棄というかたちはとれないのでしょうか。その際は、まず全量凍結して少しずつ乾かしながら選別するというフローになるのでしょうか

図書館の場合、資料の価値は千差万別です。図書館における資料保存の方策には「代替」や「廃棄」という選択肢があるため、大量に被災した場合、捨てていいものは捨てて、どうしても残しておきたいものを確実に救済するのが現実的です。そのため、この方がおっしゃっているように、選別して廃棄できる場合はまずそうすることが第一です。「資料救済はまず廃棄できるものを廃棄することから始まる」とも言われていますからね。でも、アーカイブ機関といってもさまざまですし、例えば博物館の場合、全部大切だから、全部取っておかなければならないこともありますよね。何をどこまでというのは、それぞれの機関によって違います。選別して廃棄できる機関とそうはできない機関があるでしょう。

また、捨てていいものと捨ててはいけないものの選別がその場でできない場合もあります。災害の規模によっては、公共図書館においても、捨

てるものは捨てたにしても、残すべきものがまだ相当数、大量にあるというケースもあります。このように大量に被災してすぐに選別や処置ができないときは、おっしゃるように、まず凍結です。

　冷凍は、一番いい時間稼ぎの方法です。冷凍してしまえばそこで時間がフリーズしますからね。いずれの場合、どういう機関であっても、大量に被災資料があった場合はまず凍結を考えなければなりません。その後、おっしゃるように少しずつ判断・処置するのです。選別だけなら、特に乾かさず凍結したままでもできます。

　特に文化財関係のものであれば通常、冷凍しておいて、真空凍結乾燥といって直接、水分を気化させることで乾燥させる方法が推奨されます。しかし、小さい真空凍結乾燥機は全国に多数ありますが、大型のものは私が知っている限りでは奈良文化財研究所と東北大学にしかありません。真空凍結乾燥自体は、「万能」「ベスト」であると言われますが、乾燥機が限られた機関にしかないことや、紙力低下のおそれなどデメリットもあります。実はあまり現実的ではないのです。

　そのため、乾燥方法は別の問題として、まずは冷凍することが大切。その後、少しずつ処理していく。それも、その場でその日にできる分だけを少しずつ乾燥処置させていくことになろうかと思います。

　先日も紹介しましたが、日本図書館協会から出している『水濡れから図書館資料を救おう！(JLA Booklet6)』という本に、予防から処置までの手順や「大規模に被災してしまったら」という章も設けて、対処法を細かく説明しています。ぜひこれを参考にしていただきたいと思います。

質問2

> 質問1に関連して、災害に備えて、公共図書館でも最低限しておくべき取り組みは何だと思われますか

　予防と処置についてコンパクトに要点がまとまっているものとして、

私の勤務先である都立中央図書館のHPで見られる動画があります。「資料保存のページ」の「災害対策」という項目にある17分のマニュアル動画『被災・水濡れ資料の救済マニュアル』が、手前味噌になりますが、とても分かりやすくまとまっています。「災害に備えて、公共図書館でも最低限しておくべき取り組み」については、まずこれをご覧になっていただきたいと思います。

　また、この「災害対策」という項目には、この動画だけではなく「資料防災マニュアル」も掲載されておりますので、こちらもぜひ参考にしていただければと思います。

　ここでの回答としては、3つのポイントを紹介します。まずはハザードマップです。これまでの災害でも、ハザードマップどおりに被災した、水没した、という例が非常に多いです。過去からの大きな教訓ですので、まずはハザードマップを確認してください。

　それからハザードマップで安心だとしても、例えば勤務先の施設が老朽化しているため、ゲリラ豪雨などが起きると、雨漏りする可能性があるという方もいるかもしれません。もし施設としてそういった危険があれば、自治体が出しているハザードマップだけでなく、自館のハザードマップを用意することをおすすめします。私が勤める都立中央図書館でもそういったものを作成し「漏水マップ」と呼んで活用しています。今までに起こった漏水箇所、危ない箇所を、館の図面上に記入して、大雨が降ったときはまずそこを見に行く。工事などをして対策できたらそこはマップから消します。このように、自館のハザードマップを用意して、チェック、監視する体制を構築することも必要かと思います。

　2つ目は、貴重な資料はなるべく上層階、同じ階でも上の方に置くことです。昔は地下に収蔵庫があると温湿度が安定すると言われ、推奨された時期もあったようですが、現在では危険です。これも多くの水害から得た教訓です。1階は水没したが、貴重な資料は2階にあったから助かった、書架の一番下の段だけを全部空けておいたから助かったという話

も聞きます。多くの水害は、全部が水没するようなことは稀です。床から数センチ〜10センチ程度の水が流れ込んでくることのほうが圧倒的に多いので、少しでも上の位置に保管しておいたことで助かったという例は多いです。普通の書架で7センチほど上がっていたから助かったが、カラーボックスに入れて床置きにしておいたら全部やられたというようなパターンもあります。できるだけ上に、貴重な資料はさらに保存箱に収納しておくとより安全です。

　3つ目は、貴重な資料が大量に被災した場合は助けを求めることです。惨状を見て絶望的になり「どうしようもない」と嘆いただけで終わらせない。とにかく空振りでもいいから、迷わず上部団体や文化財防災センターなどに助けを求めてください。どこまでできるか分からないにしても、何かしらの救いの手は差し伸べられるはずです。日本図書館協会の「資料保存委員会」ページの下のほうに「被災資料救済・資料防災情報源」という項目があります。ここには、被災した際の連絡先や、全般の対策、水に濡れた場合、および破損時の対応マニュアルのほか、写真、フィルム、テープ、ディスク、さらにはデジタルデータの処置についての情報もまとめてあります。そちらもぜひ参考にしていただけたらと思います。

質問3

> お話を伺って、資料を残そうという思いがとても大切だと思い知らされました。非常勤という立場で働く図書館員が増えている中、思いだけではその実現は難しいように感じています。眞野様が非常勤やボランティアの方たちに指導する立場になった場合に、どこから手を付けるのがいいと思われますか

　確かに思いだけでは実現できません。そこに知識、技術的なものが付随してくるわけです。しかし私は、資料の保存に対して考えるきっかけや思いが先にあってこそ、知識を深め、技術を高めるという行動に結び

付くと思います。思いがあれば、分からないことは人に聞くでしょうし、自分なりにも勉強するでしょう。さらには、こういったセミナーや研修会にも参加するでしょう。思いがなければ、知識、技術は身に付きにくいと考えているので、まずはその部分が必要かなと思います。

　ただ、おっしゃるように思いだけでは対応できないというのも事実です。そこで「どこから手を付ける」のか。これは資料保存全般のことをおっしゃっていると想定して話しますが、まず、水害、資料防災、災害対策ということで言えば、先ほど紹介した動画『被災・水濡れ資料の救済マニュアル』を見るのが一番いいと思います。『水濡れから図書館資料を救おう！（JLA Booklet6）』という本も取っ掛かりとしては学びやすいでしょう。

　資料保存全体のことで手を付けはじめる部分については、まず自分の所で何か悩んでいることがあればそこから。例えば図書館の立地や施設の状況から、水害対策を考える必要があれば水害対策が入口でしょうし、カビで悩まされているのなら、カビ対策について勉強し、知識や技術を身に付けることが重要です。全般的なことを言えば、やはり全体の資料保存対策をまずざっとでも勉強していただいたほうがいいかなと思います。それが、きっかけになると考えているので、私は非常勤・正規職員に関係なく、研修会では資料保存対策の概要を述べます。

　その中で特に時間を割いて力説するのが「資料の取り扱い」です。資料保存の対策はいくつもありますが、予算面や、状況的に実現が難しいこともある。その中で一番身近でお金もかからない、大切な予防対策が「資料の取り扱い」なのです。日常的に私たちがどのように資料を取り扱っているのかを説明し、その際の注意点や取り扱い方について話しています。特に図書館員の場合、本をわざと壊しているとも取れる行動をしている方もいます。普段の扱いにまず気を付けて、そこから改善していくのが取っ掛かりになるかと思います。

　その後は、やはり身近にある「修理」です。丁寧に、本を傷めつけない修理をするための、基本的な技術と方法を学んでいただくのがいいと思

います。大抵の場合、資料の保存に興味を持つ人は、修理から入ります。そして、この修理方法でいいのか、この本は修理をしていい状況か、しなくて済む方法はないかなどと悩みながら、よりよい修理を考えることで、本、資料に対する愛着が湧いてくる。そこから保存全体のことにも関心が向くんですね。私もどちらかといえばそのタイプですが、修理を入口にして、資料保存全般に興味を持って学んでいく人はとても多いと思います。

　DBジャパンさんから出していただいた『眞野先生。本が傷んだら修理するだけじゃダメってホント？～ストーリーでわかる図書館の資料保全の考え方～』のストーリーで、最初は主人公が水害対策を考えることになり、防災対策から入っていきます。そして、いろいろと知るうちに、配架方法を考えたり、簡単にできる予防対策から取り組んでいったほうがいいことに気付いたり、修理に興味が広がっていったりしますが、そういった筋道が普通でしょう。資料保存という分野は、図書館界では隅に追いやられているので、最初から資料保存全般について関心がある人のほうが奇特。この本はラノベ風で軟らかくて読みやすいので、そもそも資料保存に興味のない人でも「読んでみようか」と思うかもしれませんね。入門書としてうってつけです。

　また、『やってみよう資料保存(JLA Booklet8)』という、身近にある資料保存の課題についてまとめた入門書もあります。「図書館における資料保存とは」という章に始まり、先ほど話した「資料の取り扱い」については洋装本、一般資料と和装本と視聴覚資料に分けて詳細に解説しています。それから「カビ対策」「災害対策、水濡れ資料への対処」「保存容器」そして「修理」についても解説しています。もっと詳しく知りたい人のための参考資料やウェブサイトも詳しく紹介しています。

　また「非常勤という立場で働く図書館員が増えている」と書いてありますが、私も実は非常勤です。待遇面はもちろん、仕事を継承していくことを考えても非正規労働、非常勤制度というのは、大変弊害が多い。正規

職員で採用しないことに怒りさえ感じますが、現実には確かに非常勤が増えています。ただ、仕事に対する向き合い方やモチベーションは、私は実感として、非常勤の方が低いとは思いません。むしろ非常勤のほうが高いのではないかと感じることもあります。

質問4

眞野様のような思いは、勤務されている都立中央図書館で働く司書の方々も共通してお持ちでいらっしゃるかと思いますが、セミナーでお話しされていた展示以外に、日々の勤務の中でその思いを浸透させていくような取り組みは何かやっていらっしゃるのでしょうか。また、災害でなくとも、学校等の資料の保存修復を後回しにしている管理者や教職員が多い中、どのようなリテラシーを想定して対応すればいいでしょうか

　これはとても答えにくいというか、答えられないかもしれない質問です。私自身がずっと悩み続けていることだからです。「都立中央図書館で働く司書の方々も共通してお持ちでいらっしゃると思いますが」とありますが、残念ながらそうとは言い切れません。他にも、司書ならみんなそういう思いを持っているだろうというような意見もありましたが、私はそうとも限らないと体感しています。

　度重なる近年の水害の中で、「すごく大変な中で資料が失われて悲しい」と。大変なのは分かるが、その図書館の「命」と言えるような資料を、なぜ1冊でも救おうと思わなかったのか、なぜ助けを呼ばなかったのか？と投げかけたらお叱りを受けると思う……ということをセミナーで話しました。実際私は「みんなそんなことは思っている。でも大変なんだから、そんなこと言ってはいけない」というお叱りを何回か受けてきました。でもあえて、陸前高田の経験があったから話しますが、専門図書館やアーカイブ機関、大学図書館などに関わる人は比較的意識が高い

かもしれませんが、一方で、私が時々見かける公立の図書館の人はそうではないのではないか、と感じることもあります。

　図書館員は、被災資料の山を見てまず「早く復興してサービスを再開させなければ」と考えます。資料よりサービスの再開が第一なんです。だから、その被災資料が「邪魔」とまでは言いませんが、それに近いニュアンスがある。人によっては「とにかく全部片付けてほっとした」といった趣旨のことをおっしゃったり、文書館関係のレスキューの方が来たときに、図書館資料ではなく今使っている現用文書、具体的には契約書類を出したりする。あるいは屋上で一生懸命乾かしていたものが、図書館資料ではなく契約書などの文書だった。そういったパターンを見てきているんです。だから公共図書館の人は、正規職員、非常勤ということ関係なく、私にはやはりそういった意識が薄いのではないかなと思わざるを得ないんです。

　でも、それはその図書館員に責任があるわけではなく、図書館界の構造に問題があるのだと思います。資料の保存ということ自体が図書館界では「悪」扱いされたり、ずっと仕事の傍流、支流の支流の小川のような位置付けがされていたりするので、資料保存は図書館員の仕事ではないという雰囲気がある。学芸員は資料保存のことをしっかり勉強します。しかし、司書は資料保存がカリキュラムに入ってないため、学ぶ機会もなかったのです。

　日本図書館協会には「委員会」があり、「目録委員会」「児童青少年委員会」「障害者サービス委員会」などに並んで「資料保存委員会」もありますが、それが設置されたのは1990年のこと。古くからあるわけではなく、10年近くにわたって熱心な人たちが酸性紙問題というものをきっかけに、委員会の設置について働きかけて、旺盛に活動して仲間を集めて輪を広げていったことで、ようやく図書館協会に認められたんです。そのタイミングでついに図書館の仕事として「資料保存」がようやく認められはしたのかなと思いますが、それがまだ30年前。そういった状況ですからね。

都立中央図書館もそうです。今では資料保存に熱心に取り組んでいる先進的な図書館だと言われ、私も呼ばれてあちこちでお話をさせていただいていますが、都立中央図書館の取り組みが始まったのは平成10年から。そのときにたまたま資料保存に熱心な職員がいて、一生懸命周りに働きかけたことで取り組みが始まったのですが、それがわずか20数年前です。ずっと昔からではないんです。それからコツコツ、一人でもいいから周りの理解者、支援者の輪を広めていく活動を続け、ようやく管理者にも資料保存や資料を残していく大切さを分かっていただけるようになってきたと思います。ただ、確実に浸透してきているものの、浸透し切っているかは……微妙な感じです。

　その浸透させるための取組みは十数年ほど前からスタートし、年に1回、資料保存や修理についての職員向けの研修として実施してきました。その後、東日本大震災があり「資料防災マニュアル」を作ってからは資料防災についての研修をプラスし、15から20人程度の新人さんを中心に希望者を募って開催しています。そのため新人や非常勤の方々には比較的理解していただいているんですが、ベテランの司書の方はどうしても、先ほど言ったような図書館界の歴史もあり、あまり積極的ではない。新聞テレビ、マスコミによく取り上げられているので、まあ、何か注目されているみたいだけど……そこから先の行動に進まない人も多いのが現実かなと思います。もちろんそうでない人もいっぱいいますし、研修会にも新人さんを積極的に送り出してももらっています。

　そういった研修会もそうですが、一番は地道に仕事をアピールして、ちょっとずつ輪を広げていくのが確かだと思います。当然、研修会では実務を切り口にした日常的なテーマを扱うことがほとんどですから、今回のセミナーのような話まではできないですけどね。押し付けがましいと思われたらいけませんから。ただ、外の研修会では話します。例えば数年前、文科省の地区別研修を東京が引き受けたときに、災害対策の一コマで資料防災について、話をさせていただいたことがありました。そのときは主に、資料防災の動画を上映したり、私が勤める都立中央図書館

の防災マニュアルについての説明をしたりしたんですが、私はどうしても陸前高田で経験したことを、ちょっとでも、どんな研修会でもそうですがどこかに割り込ませたいと思っているので、そのときも最後に触れたんです。会場が都立中央図書館だったので、同僚の職員も聞いていて、「とても良かった。感動した。都立職員の悉皆研修にしたらいいのにね」と言ってくれたのがせめてもの慰みでした。もちろんそんな研修は実現しませんが。すみません、どんどん愚痴になってしまいましたね。実は、何でもそうかと思いますが、お膝元が一番大変なのが現実です。

　話を戻しましょう。質問の最後の「災害でなくとも、学校等の資料の保存修復を後回しにしている管理者や教職員が多い中、どのようなリテラシーを想定して対応すればいいでしょうか」という部分について。
　学校というのが小学校なのか中学校なのか、はたまた高校なのか分かりませんし、「学校等の資料」というのが学校図書館（室）の資料のことなのか、それ以外も指すのかも分かりません。ただ資料的な価値からいえば、学校図書館の資料はいわゆる「長期保存」するというより、配架方法も含めた取り扱いに気をつけて長く使っていただければいいと思います。
　そして全く資料保存に関心のない管理者や教職員、こういった人を振り向かせるのは難しいと言わざるを得ないです。今まで言ってきたように、図書館の中でさえ厳しい状況ですから、先ほどの質問で紹介した、入口になるような本や動画はおそらく見向きもされないでしょう……。
　そんな身も蓋もない話で終わってはどうしようもないので、ちょっと違う視点のことを紹介します。
　私はNHKの『ファミリーヒストリー』という番組が好きで、よく見るんですが、その中で学校に残されている資料が何回も出てくるんですよね。その人が歩んできた道筋、歴史、記憶をたどっていくときに、ここに入学してどのような学生生活を送っていたのか、そこに残された記録が大きな手がかりになるんですね。それを見て「学校資料は、そこで生きてきた人の歴史を刻んでいくための、非常に大切な資料なんだな」と思わさ

れます。そういう「学校資料」というのが最近注目されています。2019年ですが『学校資料の未来（地方史研究協議会）』という本も出ています。副題が「地域資料としての保存と活用」で、「学校資料とは何か」「学校資料を守り、受け継ぐ」「学校資料で地域の歴史を語る」という章立てになっていて、「学校資料と教員が向き合うこと」という項目もあります。この「学校資料」の保存と活用は、学校にとって、まさに管理者や教職員が取り組むべき重要な課題になっていくのだと思います。この切り口からアプローチするのもいいかもしれません。

　資料保存の課題を組織全体の課題として理解・認識させていくことの困難さを、縷々お話ししてしまいました。これを伝えるには、歴史的、そして構造的に厳しい状況がある中で今も私は、その意識を広げるいい方法がないか、頭を悩ませています。ただ東日本大震災、そしてその後毎年のように起こる、水害などの「災害」をきっかけとした資料保存への関心の高まりを肌で感じてもいます。
　そして、やはり一番大切なのは、「誰か」が、さまざまな機会でことあるごとに資料保存についてアピールし続けること。待っていては何も変わりません。気づいた人が声を上げ、行動する。どんな小さな声でも、小さな行動でもいい、それを続けていくことでしか変化は生まれません。最初は「誰か」なんです。そして、とにかく粘り強く仲間を増やしていく。都立の図書館も、図書館界全体にも同じことが言えます。何かのきっかけで関心を持った人が始めて、少しずつ仲間を増やし、その輪を広げていったから今がある。これからも諦めない志を持って取り組んでいくしかないのかなと思います。「バタフライエフェクト」や「バットは振らなきゃ当たらない」といった言葉も思い浮かべましたが、あまり気負い過ぎてもいけませんね。言い過ぎると、ハードルが高く感じられたり、さまざまな立場の方の誤解や反感を生んだりする可能性もあるので……。立ち回り方には注意しつつ、やんわりと、でもきっぱりと、といったところでしょうか。

　そういえば以前、職場でカビ被害に悩まされたことがあったのですが、この対策はまさに組織全体で取り組まなければ解決しませんでした。そのとき、私が実感したのは、カビとの闘いは非常に大変ですが、職員全体、組織と向き合う方がもっと大変ではないかと。職場、組織の中でも闘わなければ、カビ対策の目的も達成できない。資料保存への対策を打つということ自体、大変で大切ですが、その機関や組織が一丸となって進むという部分にも大きな課題がある。

　今回のセミナーは、ある意味では、私の勝手な考えや思いを伝えただけなので、普段話せない内容も多かったです。セミナーや先ほどの質問でも話しましたが、それでも、私が東日本大震災、陸前高田のことに関わって考えたことや思いを少しでも伝えたくて、研修会などで、最後に割り込ませながら地道に話してきたことです。今回はその割り込ませてきた部分だけをまとめてお話しさせていただけたので、大変ありがたい機会でした。一方で、資料保存、資料防災、資料救済についての具体的な知識や技術的、実務的なことには、時間的制約もあり触れませんでした。そういった意味では「物足りなかった」という方もいらっしゃると思いますが、今回は何卒ご容赦いただきたいと思います。知識、技術的なことについては、セミナーや質問で紹介した資料やウェブサイトをご覧になって身に付けていただければと思っています。

　ありがとうございました。

<参考資料>

東京都立図書館ホームページ「岩手県陸前高田市立図書館　被災資料の修復」
https://www.library.metro.tokyo.lg.jp/guide/about_us/collection_conservation/
conservation/disaster/rikuzentakada/index.html

記録動画「大津波からよみがえった郷土の宝―陸前高田市立図書館郷土資料の
修復」
日本語版
https://www.youtube.com/embed/ZPRxDGGcXu8
英語版
https://www.youtube.com/embed/OrCCBH9nnFE

特別ミニ展示　リーフレット「大津波からよみがえった郷土の宝―陸前高田
市立図書館　郷土資料の修復展―」
https://www.library.metro.tokyo.lg.jp/guide/uploads/takara.pdf

『疎開した四〇万冊の図書』金髙謙二 著,幻戯書房,2013

『水濡れから図書館資料を救おう！(JLA Booklet6)』眞野節雄 編著,日本図書
館協会,2019

「資料保存のページ」の「災害対策」マニュアル動画『被災・水濡れ資料の救済
マニュアル』
https://www.youtube.com/watch?v=svCK-yQDyOs

都立中央図書館「資料防災マニュアル」
https://www.library.metro.tokyo.lg.jp/guide/about_us/collection_conservation/
conservation/disaster/index.html

日本図書館協会　資料保存委員会ホームページ「被災資料救済・資料防災情
報源」
https://www.jla.or.jp/committees/hozon/tabid/597/Default.aspx

『眞野先生。本が傷んだら修理するだけじゃダメってホント？～ストーリーで
わかる図書館の資料保全の考え方～』眞野節雄 監修,DBジャパン,2022

『やってみよう資料保存（JLA Booklet8）』日本図書館協会資料保存委員会 編,
日本図書館協会, 2021

『学校資料の未来－地域資料としての保存と活用』地方史研究協議会 編,岩田
書院,2019

『図書館資料の保存と修理—その基本的な考え方と手法：眞野節雄講義録（JLA
Booklet13）』眞野節雄 著, 日本図書館協会, 2023

資料を未来につなぐ～東日本大震災で考えたこと～
眞野節雄　講演録

ISBN：978-4-86140-408-5
C0000

2023年12月15日　　発行

発行者　　道家佳織
講演　　　眞野節雄
編集・発行　株式会社DBジャパン
　　　　　　〒151-0073　東京都渋谷区笹塚1-52-6　千葉ビル1001
電話　　　03-6304-2431
FAX　　　03-6369-3686
E-mail　　books@db-japan.co.jp
印刷　　　大日本法令印刷株式会社

Printed in Japan